Datum/Uhrzeit des Unfalls	Name des Verletzten/ Erkrankten	Abteilung/ Arbeitsbereich	Unfallhergang	Art und Umfang der Verletzung/Erkrankung	Namen von Zeugen

Datum/Uhrzeit des Unfalls	Name des Verletzten/ Erkrankten	Abteilung/ Arbeitsbereich	Unfallhergang	Art und Umfang der Verletzung/Erkrankung	Namen von Zeugen

Datum/Uhrzeit des Unfalls	Name des Verletzten/ Erkrankten	Abteilung/ Arbeitsbereich	Unfallhergang	Art und Umfang der Verletzung/Erkrankung	Namen von Zeugen

Datum/Uhrzeit des Unfalls	Name des Verletzten/ Erkrankten	Abteilung/ Arbeitsbereich	Unfallhergang	Art und Umfang der Verletzung/Erkrankung	Namen von Zeugen

Datum/Uhrzeit des Unfalls	Name des Verletzten/ Erkrankten	Abteilung/ Arbeitsbereich	Unfallhergang	Art und Umfang der Verletzung/Erkrankung	Namen von Zeugen

Datum/Uhrzeit des Unfalls	Name des Verletzten/ Erkrankten	Abteilung/ Arbeitsbereich	Unfallhergang	Art und Umfang der Verletzung/Erkrankung	Namen von Zeugen

Datum/Uhrzeit des Unfalls	Name des Verletzten/ Erkrankten	Abteilung/ Arbeitsbereich	Unfallhergang	Art und Umfang der Verletzung/Erkrankung	Namen von Zeugen

Datum/Uhrzeit des Unfalls	Name des Verletzten/ Erkrankten	Abteilung/ Arbeitsbereich	Unfallhergang	Art und Umfang der Verletzung/Erkrankung	Namen von Zeugen

Datum/Uhrzeit des Unfalls	Name des Verletzten/ Erkrankten	Abteilung/ Arbeitsbereich	Unfallhergang	Art und Umfang der Verletzung/Erkrankung	Namen von Zeugen

Datum/Uhrzeit des Unfalls	Name des Verletzten/ Erkrankten	Abteilung/ Arbeitsbereich	Unfallhergang	Art und Umfang der Verletzung/Erkrankung	Namen von Zeugen

Datum/Uhrzeit des Unfalls	Name des Verletzten/ Erkrankten	Abteilung/ Arbeitsbereich	Unfallhergang	Art und Umfang der Verletzung/Erkrankung	Namen von Zeugen

Datum/Uhrzeit des Unfalls	Name des Verletzten/ Erkrankten	Abteilung/ Arbeitsbereich	Unfallhergang		Namen von Zeugen
			Art und Umfang der Verletzung/Erkrankung		

Datum/Uhrzeit des Unfalls	Name des Verletzten/ Erkrankten	Abteilung/ Arbeitsbereich	Unfallhergang	Art und Umfang der Verletzung/Erkrankung	Namen von Zeugen

Datum/Uhrzeit des Unfalls	Name des Verletzten/ Erkrankten	Abteilung/ Arbeitsbereich	Unfallhergang	Art und Umfang der Verletzung/Erkrankung	Namen von Zeugen

Datum/Uhrzeit des Unfalls	Name des Verletzten/ Erkrankten	Abteilung/ Arbeitsbereich	Unfallhergang	Art und Umfang der Verletzung/Erkrankung	Namen von Zeugen

Datum/Uhrzeit des Unfalls	Name des Verletzten/ Erkrankten	Abteilung/ Arbeitsbereich	Unfallhergang	Art und Umfang der Verletzung/Erkrankung	Namen von Zeugen

Datum/Uhrzeit des Unfalls	Name des Verletzten/ Erkrankten	Abteilung/ Arbeitsbereich	Unfallhergang	Art und Umfang der Verletzung/Erkrankung	Namen von Zeugen

Datum/Uhrzeit des Unfalls	Name des Verletzten/ Erkrankten	Abteilung/ Arbeitsbereich	Unfallhergang	Art und Umfang der Verletzung/Erkrankung	Namen von Zeugen

Datum/Uhrzeit des Unfalls	Name des Verletzten/ Erkrankten	Abteilung/ Arbeitsbereich	Unfallhergang	Art und Umfang der Verletzung/Erkrankung	Namen von Zeugen

Datum/Uhrzeit des Unfalls	Name des Verletzten/ Erkrankten	Abteilung/ Arbeitsbereich	Unfallhergang	Art und Umfang der Verletzung/Erkrankung	Namen von Zeugen

Datum/Uhrzeit des Unfalls	Name des Verletzten/ Erkrankten	Abteilung/ Arbeitsbereich	Unfallhergang	Art und Umfang der Verletzung/Erkrankung	Namen von Zeugen

Datum/Uhrzeit des Unfalls	Name des Verletzten/ Erkrankten	Abteilung/ Arbeitsbereich	Unfallhergang	Art und Umfang der Verletzung/Erkrankung	Namen von Zeugen

Datum/Uhrzeit des Unfalls	Name des Verletzten/ Erkrankten	Abteilung/ Arbeitsbereich	Unfallhergang	Art und Umfang der Verletzung/Erkrankung	Namen von Zeugen

Datum/Uhrzeit des Unfalls	Name des Verletzten/ Erkrankten	Abteilung/ Arbeitsbereich	Unfallhergang	Art und Umfang der Verletzung/Erkrankung	Namen von Zeugen

Datum/Uhrzeit des Unfalls	Name des Verletzten/ Erkrankten	Abteilung/ Arbeitsbereich	Unfallhergang	Art und Umfang der Verletzung/Erkrankung	Namen von Zeugen

Datum/Uhrzeit des Unfalls	Name des Verletzten/ Erkrankten	Abteilung/ Arbeitsbereich	Unfallhergang	Art und Umfang der Verletzung/Erkrankung	Namen von Zeugen

Datum/Uhrzeit des Unfalls	Name des Verletzten/ Erkrankten	Abteilung/ Arbeitsbereich	Unfallhergang	Art und Umfang der Verletzung/Erkrankung	Namen von Zeugen

Datum/Uhrzeit des Unfalls	Name des Verletzten/ Erkrankten	Abteilung/ Arbeitsbereich	Unfallhergang	Art und Umfang der Verletzung/Erkrankung	Namen von Zeugen

Datum/Uhrzeit des Unfalls	Name des Verletzten/ Erkrankten	Abteilung/ Arbeitsbereich	Unfallhergang	Art und Umfang der Verletzung/Erkrankung	Namen von Zeugen

Datum/Uhrzeit des Unfalls	Name des Verletzten/ Erkrankten	Abteilung/ Arbeitsbereich	Unfallhergang	Art und Umfang der Verletzung/Erkrankung	Namen von Zeugen

Datum/Uhrzeit des Unfalls	Name des Verletzten/ Erkrankten	Abteilung/ Arbeitsbereich	Unfallhergang	Art und Umfang der Verletzung/Erkrankung	Namen von Zeugen

Datum/Uhrzeit des Unfalls	Name des Verletzten/ Erkrankten	Abteilung/ Arbeitsbereich	Unfallhergang	Art und Umfang der Verletzung/Erkrankung	Namen von Zeugen

Datum/Uhrzeit des Unfalls	Name des Verletzten/ Erkrankten	Abteilung/ Arbeitsbereich	Unfallhergang	Art und Umfang der Verletzung/Erkrankung	Namen von Zeugen

Datum/Uhrzeit des Unfalls	Name des Verletzten/ Erkrankten	Abteilung/ Arbeitsbereich	Unfallhergang	Art und Umfang der Verletzung/Erkrankung	Namen von Zeugen

Datum/Uhrzeit des Unfalls	Name des Verletzten/ Erkrankten	Abteilung/ Arbeitsbereich	Unfallhergang	Art und Umfang der Verletzung/Erkrankung	Namen von Zeugen

Datum/Uhrzeit des Unfalls	Name des Verletzten/ Erkrankten	Abteilung/ Arbeitsbereich	Unfallhergang	Art und Umfang der Verletzung/Erkrankung	Namen von Zeugen

Datum/Uhrzeit des Unfalls	Name des Verletzten/ Erkrankten	Abteilung/ Arbeitsbereich	Unfallhergang	Art und Umfang der Verletzung/Erkrankung	Namen von Zeugen

Datum/Uhrzeit des Unfalls	Name des Verletzten/ Erkrankten	Abteilung/ Arbeitsbereich	Unfallhergang	Art und Umfang der Verletzung/Erkrankung	Namen von Zeugen

Datum/Uhrzeit des Unfalls	Name des Verletzten/ Erkrankten	Abteilung/ Arbeitsbereich	Unfallhergang	Art und Umfang der Verletzung/Erkrankung	Namen von Zeugen

Datum/Uhrzeit des Unfalls	Name des Verletzten/ Erkrankten	Abteilung/ Arbeitsbereich	Unfallhergang	Art und Umfang der Verletzung/Erkrankung	Namen von Zeugen

Datum/Uhrzeit des Unfalls	Name des Verletzten/ Erkrankten	Abteilung/ Arbeitsbereich	Unfallhergang	Art und Umfang der Verletzung/Erkrankung	Namen von Zeugen

Datum/Uhrzeit des Unfalls	Name des Verletzten/ Erkrankten	Abteilung/ Arbeitsbereich	Unfallhergang	Art und Umfang der Verletzung/Erkrankung	Namen von Zeugen

Datum/Uhrzeit des Unfalls	Name des Verletzten/ Erkrankten	Abteilung/ Arbeitsbereich	Unfallhergang	Art und Umfang der Verletzung/Erkrankung	Namen von Zeugen

Datum/Uhrzeit des Unfalls	Name des Verletzten/ Erkrankten	Abteilung/ Arbeitsbereich	Unfallhergang	Art und Umfang der Verletzung/Erkrankung	Namen von Zeugen

Datum/Uhrzeit des Unfalls	Name des Verletzten/ Erkrankten	Abteilung/ Arbeitsbereich	Unfallhergang	Art und Umfang der Verletzung/Erkrankung	Namen von Zeugen

Datum/Uhrzeit des Unfalls	Name des Verletzten/ Erkrankten	Abteilung/ Arbeitsbereich	Unfallhergang	Art und Umfang der Verletzung/Erkrankung	Namen von Zeugen

Datum/Uhrzeit des Unfalls	Name des Verletzten/ Erkrankten	Abteilung/ Arbeitsbereich	Unfallhergang	Art und Umfang der Verletzung/Erkrankung	Namen von Zeugen

Datum/Uhrzeit des Unfalls	Name des Verletzten/ Erkrankten	Abteilung/ Arbeitsbereich	Unfallhergang	Art und Umfang der Verletzung/Erkrankung	Namen von Zeugen

Datum/Uhrzeit des Unfalls	Name des Verletzten/ Erkrankten	Abteilung/ Arbeitsbereich	Unfallhergang	Art und Umfang der Verletzung/Erkrankung	Namen von Zeugen

Datum/Uhrzeit des Unfalls	Name des Verletzten/ Erkrankten	Abteilung/ Arbeitsbereich	Unfallhergang	Art und Umfang der Verletzung/Erkrankung	Namen von Zeugen

Datum/Uhrzeit des Unfalls	Name des Verletzten/ Erkrankten	Abteilung/ Arbeitsbereich	Unfallhergang	Art und Umfang der Verletzung/Erkrankung	Namen von Zeugen

Datum/Uhrzeit des Unfalls	Name des Verletzten/ Erkrankten	Abteilung/ Arbeitsbereich	Unfallhergang	Art und Umfang der Verletzung/Erkrankung	Namen von Zeugen

Datum/Uhrzeit des Unfalls	Name des Verletzten/ Erkrankten	Abteilung/ Arbeitsbereich	Unfallhergang	Art und Umfang der Verletzung/Erkrankung	Namen von Zeugen

Datum/Uhrzeit des Unfalls	Name des Verletzten/ Erkrankten	Abteilung/ Arbeitsbereich	Unfallhergang	Art und Umfang der Verletzung/Erkrankung	Namen von Zeugen

Datum/Uhrzeit des Unfalls	Name des Verletzten/ Erkrankten	Abteilung/ Arbeitsbereich	Unfallhergang	Art und Umfang der Verletzung/Erkrankung	Namen von Zeugen

Datum/Uhrzeit des Unfalls	Name des Verletzten/ Erkrankten	Abteilung/ Arbeitsbereich	Unfallhergang	Art und Umfang der Verletzung/Erkrankung	Namen von Zeugen

Datum/Uhrzeit des Unfalls	Name des Verletzten/ Erkrankten	Abteilung/ Arbeitsbereich	Unfallhergang	Art und Umfang der Verletzung/Erkrankung	Namen von Zeugen

Datum/Uhrzeit des Unfalls	Name des Verletzten/ Erkrankten	Abteilung/ Arbeitsbereich	Unfallhergang	Art und Umfang der Verletzung/Erkrankung	Namen von Zeugen

Datum/Uhrzeit des Unfalls	Name des Verletzten/ Erkrankten	Abteilung/ Arbeitsbereich	Unfallhergang	Art und Umfang der Verletzung/Erkrankung	Namen von Zeugen

Datum/Uhrzeit des Unfalls	Name des Verletzten/ Erkrankten	Abteilung/ Arbeitsbereich	Unfallhergang	Art und Umfang der Verletzung/Erkrankung	Namen von Zeugen

Datum/Uhrzeit des Unfalls	Name des Verletzten/ Erkrankten	Abteilung/ Arbeitsbereich	Unfallhergang	Art und Umfang der Verletzung/Erkrankung	Namen von Zeugen

Datum/Uhrzeit des Unfalls	Name des Verletzten/ Erkrankten	Abteilung/ Arbeitsbereich	Unfallhergang	Art und Umfang der Verletzung/Erkrankung	Namen von Zeugen

Datum/Uhrzeit des Unfalls	Name des Verletzten/ Erkrankten	Abteilung/ Arbeitsbereich	Unfallhergang	Art und Umfang der Verletzung/Erkrankung	Namen von Zeugen

Datum/Uhrzeit des Unfalls	Name des Verletzten/ Erkrankten	Abteilung/ Arbeitsbereich	Unfallhergang	Art und Umfang der Verletzung/Erkrankung	Namen von Zeugen

Datum/Uhrzeit des Unfalls	Name des Verletzten/ Erkrankten	Abteilung/ Arbeitsbereich	Unfallhergang	Art und Umfang der Verletzung/Erkrankung	Namen von Zeugen

Datum/Uhrzeit des Unfalls	Name des Verletzten/ Erkrankten	Abteilung/ Arbeitsbereich	Unfallhergang	Art und Umfang der Verletzung/Erkrankung	Namen von Zeugen

Datum/Uhrzeit des Unfalls	Name des Verletzten/ Erkrankten	Abteilung/ Arbeitsbereich	Unfallhergang	Art und Umfang der Verletzung/Erkrankung	Namen von Zeugen

Datum/Uhrzeit des Unfalls	Name des Verletzten/ Erkrankten	Abteilung/ Arbeitsbereich	Unfallhergang	Art und Umfang der Verletzung/Erkrankung	Namen von Zeugen

Datum/Uhrzeit des Unfalls	Name des Verletzten/ Erkrankten	Abteilung/ Arbeitsbereich	Unfallhergang	Art und Umfang der Verletzung/Erkrankung	Namen von Zeugen

Datum/Uhrzeit des Unfalls	Name des Verletzten/ Erkrankten	Abteilung/ Arbeitsbereich	Unfallhergang	Art und Umfang der Verletzung/Erkrankung	Namen von Zeugen

Datum/Uhrzeit des Unfalls	Name des Verletzten/ Erkrankten	Abteilung/ Arbeitsbereich	Unfallhergang	Art und Umfang der Verletzung/Erkrankung	Namen von Zeugen

Datum/Uhrzeit des Unfalls	Name des Verletzten/ Erkrankten	Abteilung/ Arbeitsbereich	Unfallhergang	Art und Umfang der Verletzung/Erkrankung	Namen von Zeugen

Datum/Uhrzeit des Unfalls	Name des Verletzten/ Erkrankten	Abteilung/ Arbeitsbereich	Unfallhergang	Art und Umfang der Verletzung/Erkrankung	Namen von Zeugen

Datum/Uhrzeit des Unfalls	Name des Verletzten/ Erkrankten	Abteilung/ Arbeitsbereich	Unfallhergang	Art und Umfang der Verletzung/Erkrankung	Namen von Zeugen

Datum/Uhrzeit des Unfalls	Name des Verletzten/ Erkrankten	Abteilung/ Arbeitsbereich	Unfallhergang	Art und Umfang der Verletzung/Erkrankung	Namen von Zeugen

Datum/Uhrzeit des Unfalls	Name des Verletzten/ Erkrankten	Abteilung/ Arbeitsbereich	Unfallhergang	Art und Umfang der Verletzung/Erkrankung	Namen von Zeugen

Datum/Uhrzeit des Unfalls	Name des Verletzten/ Erkrankten	Abteilung/ Arbeitsbereich	Unfallhergang	Art und Umfang der Verletzung/Erkrankung	Namen von Zeugen

Datum/Uhrzeit des Unfalls	Name des Verletzten/ Erkrankten	Abteilung/ Arbeitsbereich	Unfallhergang	Art und Umfang der Verletzung/Erkrankung	Namen von Zeugen

Datum/Uhrzeit des Unfalls	Name des Verletzten/ Erkrankten	Abteilung/ Arbeitsbereich	Unfallhergang	Art und Umfang der Verletzung/Erkrankung	Namen von Zeugen

Datum/Uhrzeit des Unfalls	Name des Verletzten/ Erkrankten	Abteilung/ Arbeitsbereich	Unfallhergang		Namen von Zeugen
				Art und Umfang der Verletzung/Erkrankung	

Datum/Uhrzeit des Unfalls	Name des Verletzten/ Erkrankten	Abteilung/ Arbeitsbereich	Unfallhergang	Art und Umfang der Verletzung/Erkrankung	Namen von Zeugen

Datum/Uhrzeit des Unfalls	Name des Verletzten/ Erkrankten	Abteilung/ Arbeitsbereich	Unfallhergang	Art und Umfang der Verletzung/Erkrankung	Namen von Zeugen

Datum/Uhrzeit des Unfalls	Name des Verletzten/ Erkrankten	Abteilung/ Arbeitsbereich	Unfallhergang	Art und Umfang der Verletzung/Erkrankung	Namen von Zeugen

Datum/Uhrzeit des Unfalls	Name des Verletzten/ Erkrankten	Abteilung/ Arbeitsbereich	Unfallhergang	Art und Umfang der Verletzung/Erkrankung	Namen von Zeugen

Datum/Uhrzeit des Unfalls	Name des Verletzten/ Erkrankten	Abteilung/ Arbeitsbereich	Unfallhergang	Art und Umfang der Verletzung/Erkrankung	Namen von Zeugen

Datum/Uhrzeit des Unfalls	Name des Verletzten/ Erkrankten	Abteilung/ Arbeitsbereich	Unfallhergang	Art und Umfang der Verletzung/Erkrankung	Namen von Zeugen

Datum/Uhrzeit des Unfalls	Name des Verletzten/ Erkrankten	Abteilung/ Arbeitsbereich	Unfallhergang	Art und Umfang der Verletzung/Erkrankung	Namen von Zeugen

Datum/Uhrzeit des Unfalls	Name des Verletzten/ Erkrankten	Abteilung/ Arbeitsbereich	Unfallhergang	Art und Umfang der Verletzung/Erkrankung	Namen von Zeugen

Datum/Uhrzeit des Unfalls	Name des Verletzten/ Erkrankten	Abteilung/ Arbeitsbereich	Unfallhergang	Art und Umfang der Verletzung/Erkrankung	Namen von Zeugen

Datum/Uhrzeit des Unfalls	Name des Verletzten/ Erkrankten	Abteilung/ Arbeitsbereich	Unfallhergang	Art und Umfang der Verletzung/Erkrankung	Namen von Zeugen

Datum/Uhrzeit des Unfalls	Name des Verletzten/ Erkrankten	Abteilung/ Arbeitsbereich	Unfallhergang	Art und Umfang der Verletzung/Erkrankung	Namen von Zeugen

Datum/Uhrzeit des Unfalls	Name des Verletzten/ Erkrankten	Abteilung/ Arbeitsbereich	Unfallhergang	Art und Umfang der Verletzung/Erkrankung	Namen von Zeugen

Datum/Uhrzeit des Unfalls	Name des Verletzten/ Erkrankten	Abteilung/ Arbeitsbereich	Unfallhergang	Art und Umfang der Verletzung/Erkrankung	Namen von Zeugen

Datum/Uhrzeit des Unfalls	Name des Verletzten/ Erkrankten	Abteilung/ Arbeitsbereich	Unfallhergang	Art und Umfang der Verletzung/Erkrankung	Namen von Zeugen

Datum/Uhrzeit des Unfalls	Name des Verletzten/ Erkrankten	Abteilung/ Arbeitsbereich	Unfallhergang	Art und Umfang der Verletzung/Erkrankung	Namen von Zeugen

Datum/Uhrzeit des Unfalls	Name des Verletzten/ Erkrankten	Abteilung/ Arbeitsbereich	Unfallhergang	Art und Umfang der Verletzung/Erkrankung	Namen von Zeugen

Datum/Uhrzeit des Unfalls	Name des Verletzten/ Erkrankten	Abteilung/ Arbeitsbereich	Unfallhergang	Art und Umfang der Verletzung/Erkrankung	Namen von Zeugen

Datum/Uhrzeit des Unfalls	Name des Verletzten/ Erkrankten	Abteilung/ Arbeitsbereich	Unfallhergang	Art und Umfang der Verletzung/Erkrankung	Namen von Zeugen

Datum/Uhrzeit des Unfalls	Name des Verletzten/ Erkrankten	Abteilung/ Arbeitsbereich	Unfallhergang	Art und Umfang der Verletzung/Erkrankung	Namen von Zeugen

Datum/Uhrzeit des Unfalls	Name des Verletzten/ Erkrankten	Abteilung/ Arbeitsbereich	Unfallhergang	Art und Umfang der Verletzung/Erkrankung	Namen von Zeugen

Datum/Uhrzeit des Unfalls	Name des Verletzten/ Erkrankten	Abteilung/ Arbeitsbereich	Unfallhergang	Art und Umfang der Verletzung/Erkrankung	Namen von Zeugen

Datum/Uhrzeit des Unfalls	Name des Verletzten/ Erkrankten	Abteilung/ Arbeitsbereich	Unfallhergang	Art und Umfang der Verletzung/Erkrankung	Namen von Zeugen

Datum/Uhrzeit des Unfalls	Name des Verletzten/ Erkrankten	Abteilung/ Arbeitsbereich	Unfallhergang	Art und Umfang der Verletzung/Erkrankung	Namen von Zeugen

Datum/Uhrzeit des Unfalls	Name des Verletzten/ Erkrankten	Abteilung/ Arbeitsbereich	Unfallhergang	Art und Umfang der Verletzung/Erkrankung	Namen von Zeugen

Datum/Uhrzeit des Unfalls	Name des Verletzten/ Erkrankten	Abteilung/ Arbeitsbereich	Unfallhergang	Art und Umfang der Verletzung/Erkrankung	Namen von Zeugen

Datum/Uhrzeit des Unfalls	Name des Verletzten/ Erkrankten	Abteilung/ Arbeitsbereich	Unfallhergang	Art und Umfang der Verletzung/Erkrankung	Namen von Zeugen

Datum/Uhrzeit des Unfalls	Name des Verletzten/ Erkrankten	Abteilung/ Arbeitsbereich	Unfallhergang	Art und Umfang der Verletzung/Erkrankung	Namen von Zeugen

Datum/Uhrzeit des Unfalls	Name des Verletzten/ Erkrankten	Abteilung/ Arbeitsbereich	Unfallhergang	Art und Umfang der Verletzung/Erkrankung	Namen von Zeugen

Datum/Uhrzeit des Unfalls	Name des Verletzten/ Erkrankten	Abteilung/ Arbeitsbereich	Unfallhergang	Art und Umfang der Verletzung/Erkrankung	Namen von Zeugen

Datum/Uhrzeit des Unfalls	Name des Verletzten/ Erkrankten	Abteilung/ Arbeitsbereich	Unfallhergang	Art und Umfang der Verletzung/Erkrankung	Namen von Zeugen

Datum/Uhrzeit des Unfalls	Name des Verletzten/ Erkrankten	Abteilung/ Arbeitsbereich	Unfallhergang	Art und Umfang der Verletzung/Erkrankung	Namen von Zeugen

Datum/Uhrzeit des Unfalls	Name des Verletzten/Erkrankten	Abteilung/Arbeitsbereich	Unfallhergang	Art und Umfang der Verletzung/Erkrankung	Namen von Zeugen

Datum/Uhrzeit des Unfalls	Name des Verletzten/ Erkrankten	Abteilung/ Arbeitsbereich	Unfallhergang	Art und Umfang der Verletzung/Erkrankung	Namen von Zeugen

Datum/Uhrzeit des Unfalls	Name des Verletzten/ Erkrankten	Abteilung/ Arbeitsbereich	Unfallhergang	Art und Umfang der Verletzung/Erkrankung	Namen von Zeugen

Datum/Uhrzeit des Unfalls	Name des Verletzten/ Erkrankten	Abteilung/ Arbeitsbereich	Unfallhergang	Art und Umfang der Verletzung/Erkrankung	Namen von Zeugen

Datum/Uhrzeit des Unfalls	Name des Verletzten/ Erkrankten	Abteilung/ Arbeitsbereich	Unfallhergang	Art und Umfang der Verletzung/Erkrankung	Namen von Zeugen

Datum/Uhrzeit des Unfalls	Name des Verletzten/ Erkrankten	Abteilung/ Arbeitsbereich	Unfallhergang	Art und Umfang der Verletzung/Erkrankung	Namen von Zeugen

Datum/Uhrzeit des Unfalls	Name des Verletzten/ Erkrankten	Abteilung/ Arbeitsbereich	Unfallhergang	Art und Umfang der Verletzung/Erkrankung	Namen von Zeugen

Datum/Uhrzeit des Unfalls	Name des Verletzten/ Erkrankten	Abteilung/ Arbeitsbereich	Unfallhergang	Art und Umfang der Verletzung/Erkrankung	Namen von Zeugen

Datum/Uhrzeit des Unfalls	Name des Verletzten/ Erkrankten	Abteilung/ Arbeitsbereich	Unfallhergang	Art und Umfang der Verletzung/Erkrankung	Namen von Zeugen

Datum/Uhrzeit des Unfalls	Name des Verletzten/ Erkrankten	Abteilung/ Arbeitsbereich	Unfallhergang	Art und Umfang der Verletzung/Erkrankung	Namen von Zeugen

Datum/Uhrzeit des Unfalls	Name des Verletzten/Erkrankten	Abteilung/Arbeitsbereich	Unfallhergang	Art und Umfang der Verletzung/Erkrankung	Namen von Zeugen

Datum/Uhrzeit des Unfalls	Name des Verletzten/ Erkrankten	Abteilung/ Arbeitsbereich	Unfallhergang	Art und Umfang der Verletzung/Erkrankung	Namen von Zeugen

Datum/Uhrzeit des Unfalls	Name des Verletzten/ Erkrankten	Abteilung/ Arbeitsbereich	Unfallhergang	Art und Umfang der Verletzung/Erkrankung	Namen von Zeugen